LA ISLA DEL TUMBE

Luis O. Rodríguez

Prólogo

Entre el murmullo de las olas que acarician las costas caribeñas y el susurro de los vientos que bailan entre las palmeras, se encuentra un tesoro oculto entre las páginas de este libro: "La isla del Tumbe", una colección de relatos que nos sumerge en los misterios y maravillas de un mundo vibrante y enigmático.

A través de la pluma magistral de Luis O. Rodríguez, nos embarcamos en un viaje donde la realidad se entrelaza con la fantasía, y donde cada página nos invita a explorar los rincones más profundos del alma caribeña. Desde las calles empedradas de antiguas ciudades coloniales hasta los secretos guardados en las profundidades del mar, cada cuento nos transporta a un universo lleno de emociones, experiencias y reflexiones.

En "La isla del Tumbe", el lector se convierte en un intrépido aventurero, navegando por aguas agitadas y adentrándose en selvas misteriosas donde el peligro acecha en cada esquina. Desde los relatos de astucia y picardía hasta aquellos que nos confrontan con las verdades incómodas detrás del poder y la ambición desmedida, cada historia nos desafía a mirar más allá de lo evidente y a descubrir la belleza oculta en los momentos más oscuros.

Con una prosa cautivadora y personajes inolvidables, "La isla del Tumbe" es mucho más que un simple compendio de cuentos; es un viaje fascinante que nos invita a explorar la complejidad y la riqueza del Caribe en toda su gloria y esplendor. Prepárate para dejarte llevar por la corriente de la imaginación y sumergirte en un mundo donde los tesoros y las tribulaciones aguardan a aquellos lo suficientemente valientes para emprender este emocionante viaje literario.

Milco Baute (escritor)

INDICE

La Isla del Tumbe

La Isla del Tumbe es una de las 13 islas que componen las Antillas en la cuenca del Caribe. Tierras fértiles, con climas agradables y preciosos paisajes que cautivan el corazón del visitante. Montañas majestuosas, ríos cristalinos y playas paradisiacas; se pueden ubicar como una parte del paraíso. Esa es la cara que muestra la Isla del Tumbe a sus visitantes.

Pero en muchas de estas islas, existe un submundo de sátrapas, que, con astucia y promesas huecas, conquistan el corazón y a veces el alma de sus compatriotas, llevándolos a la degradación moral de la sociedad. El temor perenne del ladrón a ser robado, lo que ellos saquearon al pueblo. El temor a ser desplazados por los sátrapas emergentes, que desean implementar nuevas y sofisticadas técnicas del "tumbe", logra crear artilugios rapaces en sus mentes al creerse señores y amos absolutos, adueñándose de las islas y sus habitantes. Es el cáncer silencioso que empobrece a muchos de estos pueblos.

El apocalipsis del Caribe se inició en 1492, en su descubrimiento, al inicio de las conquistas saqueadoras de sus islas, lo cual se ha prolongado por siglos hasta el día de hoy. Desde antaño por la supuesta civilización, la cual sufre por generaciones el virus del caudillismo. Colores y partidos creados como si fueran dioses del Olimpo caribeño, se adueñan de los sueños y el corazón de sus "incautos" habitantes. ¿Tan incautos son?

Sus famosos caudillos políticos se adhieren a perpetuidad como sanguijuelas insaciables. Son los que por generaciones viven del sudor y esfuerzo de cada trabajador que habita sus pueblos, manteniéndose vigentes en sus puestos sin aportar nada para el progreso de estos por su mediocridad mental y de liderazgo. Lo triste de esto es que vayan donde vayan, llevan dicho virus con ellos, contagiando a otros por generaciones, que descaradamente se postulan como la solución para erradicar la corrupción politiquera; incrementando la cuantía de su pillaje y engañando a las nuevas generaciones con sus cantos de sirena.

Con la trillada comidilla o muela dada al pueblo: ***"Honestidad, trabajo y servicio para el pueblo"***, siempre acompañado con fotos de sonrientes familias repartidas entre sus seguidores. ¿Será que el pueblo imita a la pareja de la mantis religiosa y pierde la cabeza por estar con su verdugo? ¿O es que son pueblos masoquistas? ¿Sufrirán estos pueblos el síndrome de Estocolmo? Me sorprendió estando de visita en una de esas islas, escuchar el siguiente estribillo político: "Con el pueblo y para el pueblo". Dicho candidato en un solo periodo de servicio no se llevó el edificio de la alcaldía porque no la pudo despegar de sus cimientos. Ese se comió el tocino y se llevó el barrilito, como alcancía.

Este cínico había colocado en nómina a sus familiares, los familiares de su esposa, los amigos íntimos hechos contratistas a la medida en un abrir y cerrar de ojos, y un perro, Sherman Shepherd, que custodiaba de noche la arcadia; el cual devengaba un salario como vigilante con el truco de haber inscrito una compañía fantasma con el rimbombante nombre de "Sherman Shepherds Watchmen Police" o sus deslumbrantes siglas, SSWP. El perro era la mascota del alcalde. ¿O el perro era el alcalde? Vaya uno a saber... a la verdad que el buen Mavi, del sur de mi isla, me deja un poco achispado en cuanto a su sucia política. En las Antillas caribeñas, la única cosa que está bajo investigación por cinco siglos no es lo que ha sucedido con sus riquezas, sino al ¿qué artículo de consumo diario se le impondrá un nuevo IVA, y cómo robarlo, en las narices del pueblo?

Estuve hablando con un pasajero del asiento contiguo en viaje hacia Nueva York, hace varios años atrás.

Viajero: ¿Usted vive en Nueva York?

Yo: No, yo vengo a visitar a un familiar. ¿Usted reside allí?

Viajero: No, pero sí voy a quedarme.

Yo: ¿Le gusta la ciudad? ¿O el frío?

Viajero: Se equivoca, en ambas. Me gusta mi país de origen, pero salgo por temor. Miedo al gobierno y sus leyes ilógicas, tengo una enfermedad bastante grave y no quiero morir en mi isla.

Yo: ¡Oh, lo lamento! ¿En Nueva York, tiene familiares que velarán por usted? Seguro que ellos buscarán métodos alternativos para su recuperación.

Viajero: Tampoco, solo vengo a morir acá. Mi familia inmediata vive en mi isla. Mis sobrinos en el Bronx. Pero tengo miedo de que le impongan un IVA al morir, por el uso del cementerio a mi familia. Si muero acá, que me incineren, no hay que pagar IVA por tirar cenizas al aire. Mire es sencillo, abren la tapa de la cajita donde entregan las cenizas, bajan la ventanilla del asiento de atrás en el auto y a cincuenta millas por hora, chuculún, desaparecen todas y se va uno al cielo volando. ¿A quién le van a cobrar luego?

Yo: Creo que es un poco macabro su punto de vista en cuanto a su partida. Y dudo que se promulgue un IVA por uso de un sepulcro en lugar alguno.

Viajero: Excepto en mi isla, allí si usted no paga cada cierto tiempo por la tenencia y uso del sepulcro, sacan lo que queda de sus huesos y le venden el lugar a otra familia que lo necesite. Eso es complotado entre la arcadia y el cementerio, son los que controlan el negocio. Lo triste es que la familia del muerto ignorará dónde tiraron los huesos, esto si se los entregan. ¿Sabe usted que en mi isla usted resucita en días de votaciones?

Yo: Perdone, ¿cómo que resucita en días de votaciones? ¡Eso es imposible! ¿Cuándo se ha visto a un cadáver votar?

Viajero: Mi padre murió hace treinta y dos años, y todavía vota. El padrón electoral de él sigue vigente. Mi padre sigue votando después de muerto por el mismo partido al cual perteneció en vida.

Yo: Hum, increíble caballero, pero aún lo dudo. Debe ser un equívoco, quizás alguien con el mismo nombre ejerce el voto. Llegamos y espero que recupere su salud, no me gustaría ir detrás del auto donde vaya su despojo, no quiero recoger sus cenizas y menos de un muerto que resucitará para ejercer su voto.

Se me había olvidado preguntarle si eran elecciones de cuatrienios o quinquenios, para no acudir de visita en tiempo de votación a dichas islas de los votantes resucitados. Y créame el caballero no era de la hermana República de Haití, donde existen los famosos zombis, enajenados y revividos por el "bokor o brujo, el cual usa brebajes de la farmacopea regional y partes del pez león caribeño para resucitarlos".

Increíble pero cierto. De regreso de dicha ciudad de Nueva York, me tocaron dos compañeros parlanchines, tres asientos en el dichoso avión y me tocó el asiento central, era bombardeado a derecha e izquierda de su conversación.

Derecha: ¿Sabes que tenemos que cruzar el puente Atirantado de cartón?

Izquierda: Sí, pero taparon los hoyos y abrieron un carril. Así que podemos cruzar el río y llegar más rápido a casa de mami.

Yo: Perdone, ustedes están bromeando, ¿un puente que cruza el caudal de un río y hecho de cartón?

Derecha: Sí, caballero. ¿Usted no ha oído del puente atirantado? Une a Toa Alta y Naranjito, costó casi $32 millones de "pesos" dólares.

Yo: ¿Ustedes dicen que fue hecho de cartón? ¿No hay concreto en su isla?

Izquierda: Hay, pero sale más barato el cartón. Y lo que cuesta su arreglo ahora.

Yo: Eso es fácil, que su gobierno demande a la compañía constructora. La compañía debe tener un seguro.

Ambos: Sí, seguro de robar, ella ahora cobra por reparar lo que construyó mal.

2

Del Comercio al Bandidaje: Del Barril al Barrilito

Del comercio al bandidaje, el barril tradicional de mercadear europeo del 1600 a 1898, hacia las Antillas, constaba de una capacidad variada de barriles en sus capacidades, desde 15, 42 hasta 53 galones, para cargar tocino, rabos de cerdos, así como el hocico y orejas en agua de salmuera. Todo dependía del pedido y el tamaño de la embarcación para su transporte, por lo cual eran fluctuantes sus tamaños. Luego se fueron achicando aún más según su necesidad de distribución al llegar al país. Esto para poder ser distribuido mejor sin necesidad de fracturar la madera de las tapas de los barriles más grandes de 42 o 53 galones. Pues no había manera de reintegrar dicha tapa a su estado original después de sacarle algunas tablas; siempre se quebraban en el proceso.

Del gobierno en exclusividad y a nivel de capitolio, eran de 53 galones. El de provincia y municipios cabeceras era de 42 galones hasta llegar sucesivamente a pueblos el más chico, allí llegaba el de cinco galones, según su aportación de votos. En algunas islas, para acallar la conciencia gubernamental, se implementaron oficinas de auditorías para dar seguimiento al dinero del erario público. Desde luego, no iban a poner a alguien como director de dicha oficina que fuera imparcial o del partido contrario. Este tenía que ser siempre alguien fiel al gobierno de turno o al partido dominante. Así, para conservar el puesto de trabajo de papá, todos en el grupo familiar votaban en bloque por el partido en turno. Aunque a cualquiera de los partidos políticos existentes o emergentes le convenía dicha oficina, la cual serviría como tapadera a su latrocinio futurista y tener excusa que regulaban su política engañosa. Como decía el estribillo que escuché en una visita a otra isla vecina: "con el pueblo y para el pueblo". En una mesa contigua en el restaurante, alguien concluyó el estribillo: "hago todo lo que quiero y mi mandato es ley". Los comensales reían a coro en las mesas circundantes la ocurrencia de dicho desahogo.

El truculento barrilito y la orquestación de la famosa oficina de auditoría o agencia competente, donde se supone que dicho caudal asignado a cada pueblo o provincia vaya para mejorar el funcionamiento e infraestructura, como dispensarios de salud, escuelas, carreteras, puentes para el beneficio público. El cual tan pronto llega, se esfuma entre los que devengan los contratos familiares, de compañías que surgen de la noche a la mañana con infinidad de funciones entre sus amistades de la gubernatura partidista. Estas surgen como yerba mala, empiezan como compañías de mantenimiento o de construcción y a la mañana siguiente aparecen con una filial en salud, asfalto, recogida de desperdicios, así como agencias de mercadeo. Como se dice en mi patria, según como sople el viento dirijo mi barca. Mijo, todo evoluciona, ni muy santo ni muy diablo. La pregunta clave en la política caribeña es: ¿Cuánto me toca a mí y a mi partido? Si es el 30%, entonces infla los numeritos, y luego hablamos; ah, y recuerda, todo pago es en cachirulo. Creo que me equivoqué en el nombre de la oficina, es de auditoría de "incompetentes", ahora sí estoy en lo correcto. El despilfarro es respaldado desde el capitolio, y las casas de arcadias, siguen su ejemplo en cada municipio, pues algo le tiene que tocar del barrilito de tocino, a sus lacayos. Su cuantía depende más de la conciencia de dicho alcalde o legislador… si son del partido gobernante. Sino como dijo el Gobernador: al del partido contrario que se rasque como pueda, y eso es si sobra algo. Puede que me haya equivocado al escribir, corríjame usted; legislador o legisladrón, el agua de coco en el Caribe confunde a cualquiera. Pues después que salen electos, tienen licencias de corsarios, permanentes.

En el Caribe, ocurren milagros sorprendentes. Cuando estos corsarios salen de sus madrigueras o puestos se transforman en expertos asesores en cuestiones nebulosas, los cuales son pagados por el erario público. Asesores expertos en el tumbe. Lo triste es que en dicho juego entran la rama judicial, donde se blindan unos a otros de inmunidad parlamentaria, quedando como un intocable judicialmente.

Estos líderes emergentes son reverenciados por pueblos idiotizados, como si por voz de ellos estuviesen oyendo la macabra flauta de Hamelín. El cual, en dichas naciones, en vez de erradicar las ratas del gobierno, que supuestamente representan al pueblo. Ocurre un fenómeno contradictorio. Arrastran al pueblo al despeñadero. ¿Son culpables las ratas? Creo que sí, por conocimiento de causa, porque saben que ocuparán cargos, con la idea preconcebida de robar al tesoro público de sus conciudadanos. "Porque yo reconozco que el populacho sabe, que entran más pelao' que la rodilla de un cabro". Para luego al salir de dichos puestos, aparece que poseen innumerables propiedades y abultadas cuentas bancarias, tanto ellos como sus familiares o sus testaferros. Dejando a un pueblo en la inopia e hipotecado hasta el tuétano. Pero más culpables son los pueblos, que los instalan en cada cuatrienio, o quinquenios una y otra vez. Porque en algunas islas cuatro años no les basta para robar lo suficiente. Por lo que alargaron un año adicional, para abultar la cartera y crear un feudo legislativo a su medida.

Ese año más es para legislar leyes proteccionistas que cubran su desfachatez, y así atornillar a sus acólitos. Hablo esto sin olvidar a las pobres y saqueadas islas donde sus gobernantes se quedan atornillados en su silla dictatorial por "saecula saeculorum" o de por vida. Esto sea de la ideología o del partido que sean o el color de su bandera simbólica. Hace un lustro atrás, hablaba con un sociólogo experto en historia de la política caribeña. Llegamos a la conclusión, que los colores de los partidos e idealismo, causan más división en una nación politizada que una insurrección interna. Y el lector se preguntará ¿cómo es eso posible? Sencillo, las insurrecciones tienen un inicio y un final, la política y el saqueo gubernamental son eternos.

3

Veamos algo de historia caribeña

Aquí en la cuenca del Caribe, poderosas naciones conquistaron y exterminaron a sus aborígenes; fue un genocidio. Iniciado con los famosos engaños de catequizar, según ellos, a indios salvajes y paganos, los cuales supuestamente ofendían la moral del dios europeo por sus costumbres y escasez de vestimentas. Les obligaban a arrodillarse ante la cruz de sus alfanjes, enfundándoles hasta los tuétanos el temor y reverencias por los demonios que ellos traían de Europa. La avaricia y el latrocinio pudieron más que la humildad, sencillez y honradez de los supuestos salvajes encontrados en las Antillas. El sistema de la supuesta evangelización de dichos mercaderes del infierno. El reparto de la indiada para ser catequizados fue una tapadera entre el clero y los conquistadores para el trabajo esclavista y exterminio de la indiada caribeña. Según la Universidad Yale, de EE. UU., en sus estudios, fue un genocidio por avaricia. (Keegan, William. F. "Destruction of the Taino" 1442 to 1514. In Archaeology, January 1992). El cual compró conciencias hasta el día de hoy, como una conquista evangelizadora y cultural. Cambiándoles sus ídolos paganos por sus demonios civilizados, son pena de muerte. Veamos el siguiente segmento histórico:

Historiador Samuel M. Wilson. Hispaniola Caribbean Chiefdoms in the Age of Columbus. La paradoja de la moralidad, dictada por un salvaje, a un catequista civilizado en 1512.

El único jefe inconquistable, que le cantó las cuatro verdades a los españoles…

Hatuey: Ustedes nos hablan de un alma inmortal, de lo amoroso de su dios. Pero ustedes, nos roban lo que es nuestro. Toman a nuestras mujeres, a la fuerza y violan a nuestras hijas. Ustedes son unos cobardes, que aun teniendo armas superiores a nuestras flechas, huyen cuando se ven en peligro.

Una sola pregunta que, salía del corazón del cautivo, a sus opresores, y que se oye, hasta el día de hoy en cada isla, a través de los siglos…

Hatuey: ¿Iré yo, Hatuey, donde ustedes estarán cuando mueran?

Opresores: ¡Desde luego, Hatuey!

El lector sabe lo demás, para el Jefe Hatuey, era mejor ir al infierno antillano, que al cielo europeo. Y murió incinerado, por sus amorosos evangelizadores.

Hatuey fue incinerado en lo que es hoy la provincia de Matanzas en Cuba. El 2 de febrero de 1512. Su pregunta a los supuestos evangelistas hizo la diferencia entre la integridad y coraje de un supuesto idolatra salvaje, y un evangelista civilizado lleno de avaricia. El exterminio de su raza sería sistemático, lo que no lograba la cruz de sus alfanjes, al penetrar sus cuerpos, para asesinarlos, lo lograba las piras humanas, la viruela, difteria, varicela, peste bubónica, gripe, y la explotación física, exportada por Europa.

Pero había un trabajo que hacer para satisfacer a las nobles sanguijuelas europeas. Desde luego, esta aristocracia europea, la cual no estaba acostumbrada a trabajar y doblar el lomo, como dicen en mi tierra. Había encontrado un cheque en blanco sin esfuerzo alguno. Europa vació sus mazmorras de inmundicia y las vació en las Antillas. Genial, la nobleza, o mantenidos europeos, no tenían que arriesgarse en tan infame travesía de penurias, a través del Atlántico. Sus prisiones se vaciaron y llenaron sus galeones de truhanes. Para que fueran estos los conquistadores, saqueadores y exterminadores sin escrúpulos de todo aquel que se rebelase a sus caprichos de conquistas, y latrocinio.

Y los civilizados conquistadores que llegaron contagiados por la vagancia de la alta alcurnia, le huyeron al trabajo duro, como el diablo a la cruz. Quienes, guiados por su avaricia desmedida, reemplazaron la pérdida de los humildes nativos con personas del continente africano. Obligando a estos últimos a trabajar de sol a sol en esclavitud. Mientras sus amos antillanos y de Europa llenaban sus bolsillos y panzas como cerdos. Los cuales, por siglos, no se saciaban para disfrutar sus vidas licenciosas. Siglos de trabajo esclavo para llenar las arcas europeas, robo de esfuerzo, sudor y lágrimas sin pago alguno. Latrocinio descarado, violación a la dignidad humana. Eso fue lo que transmitieron genéticamente a sus descendientes. Ganar, sin importa. ¿Cómo? Perpetuando su linaje, sobre un pueblo, a como dé lugar. Que mejor lugar que la política. El Gobe fue bien instruido por su padre, el cual tuvo seis períodos en la silla, sin soltar la batuta. Que luego pasaría a su hijo, o atornillado.

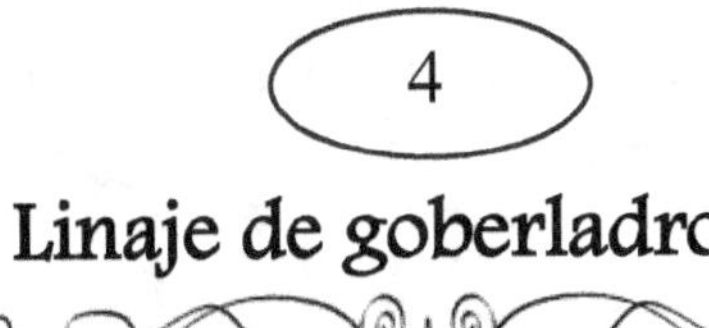

4

Linaje de goberladrones

Gobernador: *Hijo, yo te voy a preparar como me preparó mi padre. Te prepararé como un gallo de pelea con las espuelas bien afiladas. Así cortarás de un solo tajo, a favor tuyo y de los tuyos. Para que cumplas, sentado en la silla, otro tanto como yo he cumplido con nuestro sagrado legado de liderazgo.*

Andresito: *¿Se puede preparar de antemano quien puede gobernar este país?*

Gobernador: *¡Claro! Mi padre lo hizo conmigo y yo lo haré contigo, es la única forma en que puede permanecer el partido político que fundó mi amado padre. Tu honorable abuelo convenció a un pueblo ignorante y sin esperanzas, el cual no tenía futuro alguno, sin su guía. Mi padre le ofreció lo que necesitaba este pueblo. Con el tiempo, el partido se convirtió en una institución sólida con veracidad que abarcó los cuatro puntos cardinales de la isla. Pero toda institución necesita pilares que la sostengan. De lo contrario, desaparece...*

Andresito: *¿Cómo es eso, padre?*

Gobernador: Mira el techo de este enorme edificio, ¿sabes qué lo sostiene?

Andresito: ¡No, padre!

Gobernador: Lo sostienen estas columnas. ¿Y ahora, cuál de los dos ejemplos es más grande? ¿El techo o las columnas?

Andresito: El techo, padre.

Gobernador: ¡Exacto! No eres tan bruto como me decía tu padrino Pedro. Pero estas columnas son lo suficientemente fuertes para sostener el techo. Y cada columna necesita una base mucho más grande y profunda para que puedan sostener y soportar el peso de ese enorme techo; de lo contrario, se hunde. ¿Entendiste?

Andresito: Un poco, padre.

Gobernador: Bien, si hay un buen fundamento se puede construir otro piso arriba del que estás viendo ahora mismo.

Andresito: Oh, entiendo, padre. ¿Qué, yo tengo que llegar a ser una base o la zapata como tú? ¿Es lo que me quieres decir?

Gobernador: ¡Exacto! Acuérdate, el partido es el techo, miles de personas se cobijan bajo el techo del partido, el cual es el pueblo. Las columnas son las personas que las convocan en cada mitin o campaña partidista, ese grupo las motiva a votar a favor nuestro. Mírame bien, yo soy esa base o la zapata que sostiene todo, y luego tú ocuparás mi lugar. Un buen político tiene que ser embustero por naturaleza. Alguien que promete... y si puede, cumple algo; nunca des todo lo que prometes, aunque tengas todos los recursos. Si no cumple nada, le echa la culpa a los del partido contrario del senado.

Andresito: ¿Y si los del senado no son culpables, qué sucede?

Gobernador: Siempre hay un chivo expiatorio para nuestros fracasos. Siempre procura que no seas tú. Un huracán, pandemia, o por ejemplo, alguien que abandona al partido y se lleva a tres o cuatro gatos. Siempre en cada organización hay un Judas, y es bueno y necesario que exista ese Judas. Pero tienes que saber de inmediato quién es y estar a cuatro ojos con ese individuo.

Andresito: Padre, a la verdad que no entiendo... ¿el porqué de un Judas en el partido gobernante?

Gobernador: Un partido sin un Judas cae tarde que temprano, pues uno como base nunca sabrá si lo estás haciendo bien o mal delante del pueblo. Siempre hay que dejar que surjan tres o cuatro oponentes políticos, ellos se pelearán unos a otros y al mismo tiempo se sacan los trapos sucios. Así, ves con certeza qué quieren o prometen al pueblo. Así verás qué desea el pueblo y le ganarás la partida al concluir ciertos proyectos estancados en *algunos pueblos. Suelta un poquito más de lana, cascajo o plata en cada viaje, no mucha, pero suelta. A esto se llama compra de conciencias... yo te enseñaré poco a poco. Te aseguro que aprenderás a manejar a este pueblo... como se dice en la isla, te seguirán como borregos.*

Andresito: *¿Acaso tú tienes un Judas, padre?*

Gobernador: *¡No seas cabezón, hijo! Tenía, te pregunto: ¿Quién es el contrincante en el otro partido?*

Andresito: *¡Mi padrino Pedro!*

Gobernador: *Pedro, tu padrino, el cual yo respaldé para que fuera alcalde. Ahora quiere ser gobernador. ¿Y quién lo propuso delante del pueblo, de los pescuezús?*

Andresito: *¡Tú, padre!*

Gobernador: *¡Exacto! Lo propuse yo, al compadrarse conmigo. ¿Te das cuenta ahora? Pedro no quiere ser alcalde, la silla de alcalde no le gusta, le es muy pequeña para su codicia. El desgraciado quiere ser gobernador. Él quiere la silla grande, esta que me dejó mi padre, como gobernador, fundador del emérito partido que sacó de la pobreza e ignorancia a este país.*

Andresito: *Ahora entiendo, padre, pero estoy seguro de que no ganará.*

Gobernador: *¡Claro que no ganará! Por eso estamos engrasando la maquinaria, bien engrasada.*

Andresito: *¿Cómo se engrasa la maquinaria?*

Gobernador: *Con los recursos que guardas y que prometiste al principio de elecciones. Ahí vas repartiendo algo de los recursos, por ejemplo, un par de luces de alumbrado en ciertas carreteras importantes, uno que otro centro cívico en tal o cual pueblo, una comprita a algún centro de ancianos, poca cosa pero que se vea. Ah, y mucha fanfarria; habla de miles, aunque hayas repartido cien pesos. ¿Entendiste?*

Andresito: *Creo que sí... pero pienso que eso es mentir.*

Gobernador: *¿Qué político no miente? ¿Cómo crees que llegó a ser político, diciendo verdades o cumpliendo lo que promete? Gente así no llega ni a la esquina, nunca logra nada en la vida, créeme...*

Andresito: *Bueno, yo solo soy un estudiante o un párvulo, dice mi padrino Pedro. Él cree que yo no nací para político.*

Gobernador: *¿Ves cómo tu padrino trata de sacarte del camino? Él no ve cualidades de líder en ti, pero desde la semana que viene, tú estarás conmigo en todos los mítines. Pueblo por pueblo y barrio por barrio. Subirás a las tarimas junto a mí. Necesito que el pueblo te vea y se acostumbre a verte. Así empecé yo con mi padre. Óyeme* bien, yo soy quien maneja esta isla. Como lo hizo mi padre. El alcalde de cada pueblo que visitaremos me tiene que poner al tanto de lo que el pueblo necesita. Yo, desde la tribuna, les voy a prometer que lo tendrán todo después de que voten por mí. Les diré desde las tribunas que en el próximo presupuesto incluiré todas sus demandas...

Andresito: ¿Y lo cumplirás, padre?

Gobernador: Hijo, ¿eres tonto o te haces? Si yo fuera a cumplir todo lo que pide el pueblo, necesitaré de vuelta todo el oro que se llevaron los españoles, franceses, ingleses y holandeses para Europa.

Andresito: ¿Entonces para qué lo prometes... padre?

Gobernador: Ven acá, Andresito ¿eres bruto? La política es algo así, el candidato que más promete desde las tribunas gana. Te dije que mi padre prometió, en ningún momento te dije que... caramba. ¿Acaso te dije que tu abuelo cumplió?

Andresito: ¡No! Pero el cura dijo el domingo en la misa que mentir es pecado. Entonces, abuelo y tú son unos pecadores.

Gobernador: Andresito, el cura dice eso porque él no es político. Si fuera político, mentiría también.

Andresito: Padre, cuando fui con mamá a la casa de abuela. Ella le dijo que soñaba que yo fuera monaguillo *lo antes posible y luego fuera cura. Ella no quería que yo fuera político como tú.*

Gobernador*: Eso lo dice la vieja porque necesita un cura en la familia. Alguien que le perdone los pecados. Porque el cura del pueblo se negó a escucharla sentado todo un día frente a ella y perdonarle el rollo...*

Andresito*: Padre, tú estás mal, mamá dice que abuela es una santa.*

Gobernador*: Sí, Andresito, tu mamá tiene razón, tu abuela materna es una santa... huummm, sí, Santa Bárbara...*

Andresito*: Padre, ella se llama Petunia, no Bárbara.*

Gobernador*: Andresito, mejor dejemos la conversación de tu santa abuelita para terminarla otro día. Pero recuerda, vas a llevar un cuaderno a cada mitin y harás como si estuvieras tomando notas de todo lo que yo prometo. Y luego aplaudirás a tó jender. Para que la gente, al verte aplaudir, haga lo mismo. ¿Me entendiste? Esta silla será tuya si haces todo lo que te digo, de lo contrario... te veo muy mal... como tu abuelita. Tienes que ganarte a los activistas o reclutadores de masas.*

Andresito*: ¿Cómo se consiguen y forman los activistas y reclutadores, padre?*

Gobernador: *Sencillo, cuando una persona como yo, que soy el Gobe, o un alcalde de una ciudad señorial, está en algún sitio. Siempre se acercará un sopla pote, a que lo retraten junto a uno. Nunca digas que no, y asesora a tus guardaespaldas, que no los eche de tu lado a empujones. Ese sopla pote, con dicha foto, se creerá muy importante y se convertirá en un reclutador. Primero con su círculo familiar, enseñando la foto, y luego con sus vecinos y finalmente con sus compañeros de trabajo.*

Andresito: *Y, ¿cómo se les paga a esos sopla potes, padre?*

Gobernador: *Sencillo, los puestos de comisarios de barrios se les asignan a ellos. Y ellos, a la larga, serán los encargados en casos de desastres, de tomar notas de los afectados. En barrios o en sus pueblos. Ellos anotarán los nombres y repartirán las ayudas que llegan del extranjero. Desde luego, a los que hayan votado por ti, o sea, a los de nuestro partido.*

Andresito: *Padre, pero esa gente puede, ¿robarse dicha ayuda, y qué pasará con los que votaron por el otro partido?*

Gobernador: *Muchacho, ¿de dónde sacaste tanta idiotez? Qué rayos te importará eso a ti si roban o no roban. Total, esa ayuda no salió del tesoro o recaudos del pueblo. La vas a dar tú, a los tuyos. Usándolos como repetidores de dicha ayuda a nombre tuyo y del partido. Y, a los que* votaron por el partido contrario, que los parta un rayo por estúpidos.

Andresito: Pero eso está mal, mi maestra dice que todos en nuestra isla somos hermanos.

Gobernador: Ella tampoco es política, y así es la política, siempre, siempre aprovecha esos desastres, pero avisa primero antes de poner un pie afuera del capitolio, a toda la prensa. Primero visita algún orfanato o casa de ancianidad, déjate besar y apretar por cualquiera de los allí presentes. Siempre hazlo mirando a la cámara y entregando algo de la ayuda. Ah, y siempre sonríe, después tendrás tiempo de llegar acá y lavarte la cara con desinfectante.

5

Legado de administración partidista

Raymundo sabía que, si no sacaba a su hijo fuera de la isla, este terminaría como uno más enrolado en el ejército o trabajando en las fuerzas del orden público. No había más para que la juventud de la isla, al terminar la escuela superior, pudiese aspirar. Su hijo se preocupó de sacar buenas notas por sus anhelos de superación personal, por lo cual trataba de ganarse una beca en el extranjero. Rey era bueno con los números y la administración. Por eso, en los últimos tres años de escuela, su padre lo llevaba con él diariamente en sus vacaciones escolares para que adquiriera experiencia laboral, la cual lo ayudaría en el futuro.

Su padre ordenó que pusieran un escritorio frente al suyo y lo sentó allí, motivando al muchacho a que encontrara cualquier error cometido por él. Cada contrato era supervisado rigurosamente antes de salir de dicha oficina, por los "Rays", como se comentaba en la sede central. La beca no se hizo esperar, el gobernador sabía que, si Raymundo se retiraba, necesitaba alguien de plena confianza en dicha posición. ¿Qué mejor candidato que alguien entrenado por el mismo Raymundo? Es por eso que el joven parte hacia el exterior ignorando que él era una ficha más en el juego de la política de la isla del Tumbe. La beca autorizada por el "Gobe", con exclusividad partidaria.

Sueños hoy, pesadilla mañana

De ahí salió Rey, tan pronto finalizó su escuela superior, voló hacia la urbe. Su padre, apoyado por los ideales paternales en administración, soñaba que su vástago un día ocuparía su curul en el gobierno de turno, con un doctorado en economía internacional. ¿Quién rayos lo iba a rechazar en el gobierno del próximo cuatrienio? Según su desglose en el reparto gubernamental, con la cantidad de votos obtenidos en las tres grandes metrópolis de la isla, ganaban las elecciones. El experto en procesamiento de datos electorales en la isla había hecho sus cómputos y este era el panorama para las próximas elecciones, dadas al "Gobe".

Datómetro: Señor gobernador, si seguimos manipulando los datos obtenidos, usted ganará con el 85%. Los pueblitos del centro de la isla lo más que acumulaban en votos en las elecciones anteriores eran cuatro gatos por cada pueblo y partidos emergentes, o sea el 7%, que sumando su totalidad apenas llegaban a la mitad de la metrópolis sureña. La parte este de la isla solo llegaba a un 8% de esa totalidad. Será un triunfo arrollador.

El "Gobe" astutamente había sacado una pequeña partida para echar un poco de "bitumul, brea, o asfalto líquido" en algunas carreteras secundarias de cada poblado. Unos 10 barriles de 55 galones cada uno de brea líquida en cada pueblo embreaba un mundo y los mantenía contentos con dichas entregas.

Gobernador*: Andresito, al pueblo no se le puede dar todo lo que quiere, pues se malacostumbran, y les da por exigir cada día más. Promesas sí, necesitan un puente, se les promete que lo tendrán, ¿Cuándo? Eso no lo sé. Esto sí votan sabiamente por mí. Para construir un puente se necesita plata, y no la hay. ¿Pero el cuándo? Esto último nunca se le dice al pueblo.*

El arte de la política en las Antillas

Ese fue el tema central de la última reunión en el hemiciclo del Capitolio en la última asamblea.

Gobernador: Gente, la política es un arte, que no se estudia en universidades, no hay materia escolar que enseñe a gobernar una nación. La gubernatura se lleva en los genes. De lo contrario los refranes no tendrían razón, de repetirse. (Hijo de gato caza ratón. O hijo de tigre pintito.) Mi apellido me respalda. Dos generaciones de gobernadores en línea y el tercero está amolando las espuelas para tomar el bate. Vean cómo mi padre y yo hemos hecho que esta isla progrese, de lo contrario todavía estaría usando taparrabos y durmiendo en hamacas.

Legisladores: ¡Bravo! Así se habla....

Su verborrea enloquecía a los chupamedias y lame estacas en el Capitolio. Todos aplaudían a rabiar. A la verdad que el "Gobe" era un genio en el podio. Su oratoria seducía a la audiencia, allí pululaban los contratistas, los lameojos, lameestacas y chupamedias de la clase alta, clase media y futuros atornillados. Los puestos gubernamentales procedentes de ambas clases. ¿Por qué no aplaudir al caudillo? Después de cada asamblea siempre venían los convites, las firmas de contratos y los nombres de los futuros atornillados, bajo la mesa. Aquí siempre a los meseros se les deslizaba un par de pesos en el bolsillo de su camisa junto con un papelito. En el cual estaba el nombre del futuro atornillado, el mesero fijaba la vista en la dirección que miraba su cliente y deslizaba dicho papelito bajo la servilleta del jefe de agencia, señalado. Era todo un endoso para el jefe de agencia, ese era el hijo de… o sobrino de…, simple, la política es un arte, lo había dicho el "Gobe".

Políticamente, Raymundo era el único con permiso de no acudir a estas asambleas del Senado. Ante el acudirían los directores de cada agencia gubernamental, con los contratos firmados y aprobados, pagando sabiamente a cada uno de ellos un cheque como parte de dicho contrato para mantener la máquina engrasada. Todo seguía caminando como un reloj suizo, sin fallar. El gobierno en la isla paga mensualmente; quieres un poco de dinero, espera a fin de mes, siempre y cuando cada agencia traiga ante su autorización de pago. El monto lo decidía Raymundo. Era por esto que cada contratista procuraba ganarse al hombre a como diera lugar, pues era el que partía el bacalao gubernamental, ¿una tajada más no cae mal a nadie verdad? ¿O sí?

Rey sabía que su padre venía de una línea de larga data como administradores de ingenios de azúcar, regados por toda la isla, de lo cual se sentía orgulloso. Pero su padre, con un poco más de estudio que aquellos, pudo escalar un puesto en el gobierno de dicha isla. Llevaba casi veinte y tantos años trabajando de administrador para las sedes del gobierno central. Su firma era deseada por cada contratista que deseaba una parte del nuevo presupuesto asignado a esta. Cada cheque llevaba su firma, así como el monto autorizado por él.

Cada gobierno de turno sabía que si alguien sabía cómo se picaba el bacalao, era Raymundo. Por lo cual no se arriesgaban a instalar a algún candidato que solicitara dicha plaza. Todo lo contrario, lo convencieron de que no tomara vacaciones y si necesitaba algunos días libres fueran por enfermedad; y, no más de cinco días laborables. Lo cual el astuto hombre los combinaba con los días festivos, para así tomar, con los fines de semana incluidos, uno cuantos días más.

Raymundo, a su retiro, tendría un pago total de días vacacionales y enfermedad mucho más de tres años de paga, más regalías. Todos en la oficina central lamentaban no ser como él. Cada año su nuevo aumento abultaba más la cartera de este. Cada contratista quería agasajarlo, dejándole algún presente con su secretaria, la cual insistía en que él tomara dicho presente, lo cual él no aceptaba.

Nadie lo podía señalar de favoritismo, como él decía con orgullo:

Raymundo: Su lema: Al César lo de César y al gobierno lo del gobierno.

Pero dicho administrador tenía un fallo de percepción, su fidelidad hacia el gobierno central lo tenía miope. Habían áreas de la Isla del Tumbe que eran un desastre. La pobreza era rampante en ciertos pueblos, la educación en ellos llegaba hasta sexto grado de primaria. De ahí en adelante tenían que ir a una de las tres grandes ciudades. Los que deseaban terminar el cuarto año de escuela superior se desplazaban largas distancias. Estos pueblos restantes, cuales carecían de dispensarios médicos para la salud de sus habitantes, no se cubrían las necesidades básicas por la falta de recursos. No había como, pero lo que era la ciudad capital y tres ciudades señoriales se llevaban la mayoría del presupuesto, dejando las espinas del bacalao a los demás pueblos.

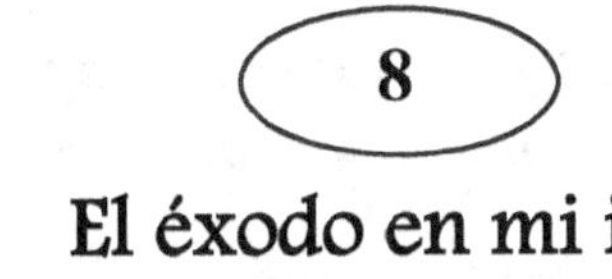

8

El éxodo en mi isla

Su hijo, Rey, estaba considerado como uno de los mejores economistas del Caribe, logrando su primer doctorado en Economía Internacional en una de las mejores universidades de Norteamérica, graduado con altos honores. No le dieron tiempo de empacar y salir para su isla cuando le ofrecieron una beca para un posgrado en Economía Pública. A la verdad que no lo esperaba, pero se le dio, y recordó la conversación con su querido padre, Raymundo, cuando empacaba para partir.

Reynaldo: Papá, pensaba partir para la Isla esta semana, pero me han ofrecido una beca completa para un posgrado en economía pública. Y tengo que dar respuesta esta semana, o de lo contrario la pierdo.

Raymundo: Todo lo que te den, cógelo. No me gusta que pidas, pero si te lo ofrecen, arráncale la mano, hijo. Gente preparada es lo que necesitamos para echar adelante.

Reynaldo: Es que como ustedes me esperaban para este verano, no los quería dejar esperándome, con los planes hechos por mamá.

Raymundo: *Reynaldo, yo le explicaré la importancia de dicha beca a tu madre, puedes quedarte tranquilo.*

Tres años después, Reynaldo arriba a su terruño. Su padre estaba a punto de jubilarse y soñaba que su hijo lo reemplazara. Quería personalmente entregarle la silla que quedaría vacante. En cada conversación con este le explicaba que con sus estudios podía dar un empujón a la isla. Él podía ponerla en un lugar privilegiado en el mundo de las inversiones. Pero su hijo no quería ser atado a dicha silla. Él vio como su madre y su hermana Margarita habían suplicado en innumerables ocasiones a su padre tomar unas vacaciones familiares. Pero su excusa era la de tener que regresar a la oficina central.

En la Isla del Tumbe, cada empleado gubernamental gozaba de treinta días de vacaciones más los días por enfermedad, sin olvidar los festivos, pagos. Esto, sin este cuadro, lo sabía Reynaldo de memoria. Su ex compañero de estudio hizo una maestría y viajó para su terruño. Quería trabajar en una de las ciudades señoriales que tenía una vacante. Meses después se encontraron por casualidad.

Reynaldo: *Bueno, ¿qué? ¿Cómo te va en tu trabajo, Antonio?*

Antonio: *¿Cuál trabajo? No, Rey, que yo no tenía a nadie que me atornillara y le dieron el trabajo a un joven que terminó la escuela superior.*

Reynaldo: *No puede ser, Antonio. ¿Cómo que le dieron el trabajo? Tú tienes una maestría y sabes desempeñar ese trabajo mejor que nadie.*

Antonio: *¿Podemos hablar un momento?*

Reynaldo: *Desde luego que podemos hablar, pero... ¿Quieres intentar donde yo trabajo?*

Antonio: *El muchacho es hijo de don Hernando, el jefe de la unión de transporte público. Imagínate cuántos votos del sindicato consiguió el Gobe, o su hijo, para las próximas elecciones. ¡No! Sinceramente te lo agradezco, mi amigo y ex compañero de estudio. Salgo esta semana fuera de la isla, brincaré el charco y me quedaré por allá.*

Reynaldo: *Antonio, me da vergüenza esto que me cuentas y te sucedió. Me dan asco las cosas aquí, tengo deseos de renunciar y seguir tus pasos.*

Antonio: *No, hermano, quédate y lucha contra la corrupción, y despotismo partidista y gubernamental. Están desvalijando la isla descaradamente, alcaldía por alcaldía.*

Reynaldo: *Te digo, de corazón, no sé cuánto más podré soportar, si la cosa es así. Dondequiera que me asome la burocracia es una mafia, de intereses particulares que desembocan en la misma alcantarilla. El Gobe, los alcaldes y el senado.*

Antonio: ¿Te acuerdas de las mil y una noches?

Reynaldo: ¡Sí!

Antonio: Ahí lo tienes, Alí Baba y los alcaldes ladrones. ¿No te parece buen título para un cuento en el Caribe?

Reynaldo: ¡Sí, pero Alí Baba solo tenía cuarenta, aquí tenemos el doble!

Antonio: Rey, ¿te puedo hacer una pregunta? No estás obligado a contestarla.

Reynaldo: Hazla, dime tu inquietud.

Antonio: ¿Qué se hace con las partidas millonarias que llegan a esta isla?

Reynaldo: Tú lo has dicho, se parte. El 90% se lo roban los políticos de turno, con sus contratistas inflando contratos y subsanando los trabajos chapuceros que dejan a medias. El otro 10%, es para los alcaldes, lambones.

Antonio: ¡Seguro! Rey, en otras islas no les llega un centavo del extranjero, y están en mejor posición que nosotros. Saben administrar sus recursos.

Reynaldo: Antonio, aquí saben... no lo niego, pero es robárselos...

Antonio: Mi querido amigo Rey, creo que adelantaré mi salida, y cruzaré el charco.

Reynaldo: *Yo, no aguantaré por mucho más, te lo aseguro, Antonio.*

Antonio: *¿Te acuerdas de aquellas reuniones y charlas en la cafetería de la universidad, con los ex compañeros de las demás islas?*

Reynaldo: *¡Cómo olvidarlas! Mi hermano, lo contentos que estaban porque iban a implementar sus conocimientos en administración y economía en sus islas.*

Antonio: *Rey, gente con conciencia y con menos recursos que nosotros.*

Reynaldo: *Sí, Antonio, ellos son gente honrada, hacen patria...*

Antonio: *Así mismo, gente honrada...*

Un fuerte abrazo selló aquella conversación, sembrando conciencia en ambos amigos a su despedida. "Gente honrada hacen patria."

(**9**)

Del sueño... a la realidad

A la verdad, Rey, no aguantó más y se separó de la insensible burocracia del gobierno nefasto de su isla. Dimitió de su puesto, empacó sus cosas personales y fue directamente a dialogar con su abuelo sobre la propiedad en el sur de la isla.

Reynaldo: ¡Buenos días, abuelo! ¿Podemos hablar un momento?

Abuelo: ¡Buenos días, Rey! ¿A qué se debe este milagro a mediados de semana? ¿Vacaciones o enfermedad?

Reynaldo: Créeme, a ninguna de las dos opciones nombradas por ti, abuelo. No, abuelo, yo renuncié a mi trabajo...

Abuelo: ¿Cómo? ¿Muchacho, te volviste loco? ¿Tú ignoras los planes que tiene el Gobe para ti?

Reynaldo: Por eso mismo, renuncié a mi trabajo. El desgraciado del Gobe y su asqueroso partido están desgraciando a la isla.

Abuelo: Oye, Rey, vergüenza te debe dar, o ¿es que ignoras que tú eres lo que eres por la beca que el Gobe firmó para ti? Mira a tu alrededor, cuántos jóvenes pueden tener la oficina de desarrollo y planificación gubernamental al lado del futuro gobernador de la isla. ¿Quién fuera de ti puede gozar del privilegio que tú tienes? ¿Sabes cuántos desean esa silla?

Reynaldo: Te aseguro, abuelo, que cualquier atornillado puede tenerla. Ahora, el que se esforzó y estudió honradamente, no. Acuérdate de mi amigo Antonio. Abuelo, por eso presenté mi carta de renuncia. Ver al patán ese me enferma. Si yo llego a saber que estaban jugando conmigo, te juro que nunca hubiese aceptado dicha beca. ¿Tú sabes lo que es dignidad, abuelo?

Abuelo: ¡Rey, no te permito que me faltes al respeto! ¿Estamos?

Reynaldo: Abuelo, no te estoy faltando al respeto ni te estoy acusando ni diciendo que tú no tienes dignidad. Quienes no tienen dignidad son los gobernantes, alcaldes y el chorro de atornillados en el senado. Los que aplauden y confirman el robo rampante de 'hacienda', el dinero del pueblo. El cual se parte el lomo trabajando con sudor y esfuerzo desde la mañana hasta la noche.

Abuelo: ¿Tienes prueba de eso que dices? ¿O son chismes de algún senador despechado?

Reynaldo: Más que pruebas y no son chismes. Ese robo lo perpetúan los senadores y lame estacas partidistas, se lucran del trabajo del pueblo. Lo único que hacen esos descarados es despilfarrar el erario público, solo por *romper sillas con sus fundillos de estar sentados sin hacer nada. Esos son los que acuden, otros ni se asoman por el hemiciclo, pero siguen cobrando igualmente, viáticos, retiro, auto y chofer. El pillaje es un modus operandi, el cual está institucionalizado en todas las esferas del gobierno. Y ni hablar de los que han salido de allí.*

Abuelo: *Bueno, Andrésito, el hijo del Gobe, cuenta contigo para que te ocupes de la silla de tu padre.*

Reynaldo: *Pues no la ocuparé, tú mejor que nadie sabes que ese joven es un patán, engreído e idiota. Es público que el rector de la universidad le aprobó la licenciatura por ser el hijo del Gobe. ¿Sabes cuántos asesores hay en el capitolio? Los senadores que pierden sus asientos siguen atornillados, pues se convierten de la noche a la mañana en expertos asesores de senadores ineptos. O sea, el pueblo les paga a dos o tres asesores para que el senador recién nombrado no tenga que usar su cerebro, pues carecen de neuronas. El hijo del Gobe tiene asesores hasta para ir al baño... mejor ni te digo.*

Abuelo: *Rey, Rey... dejemos la política, ¿qué quieres de mí?*

Reynaldo: *Que me des permiso para ocupar las tierras del volcán, o si las piensas vender que me des la oportunidad de comprártelas.*

Abuelo: *¿De verdad piensas ocuparlas? Esa cuesta es un problema para subir y peor para bajar en tiempo de lluvia. ¿O vas a explorarlas, como cuando eras niño?*

Reynaldo: *Eso pasa porque nunca las pavimentaron bien. Ahí tienes el vivo ejemplo del robo. No, no es para visitarlas como cuando era niño, es para quedarme en ellas.*

Abuelo: *Sí, tienes razón, nunca hicieron el trabajo bien. Cuatro compañías distintas hicieron una mierd...*

Reynaldo: *Bueno, tú eres testigo de eso, ese trabajo se pagó cuatro veces y cada vez era peor el asfaltado. Sabes, abuelo, quiero esas tierras para vivirlas permanentemente. Tú decides, o de lo contrario abandono la isla.*

Abuelo: *¡Muchacho!... ¿algún desengaño de faldas?*

Reynaldo: *No, abuelo, el único desengaño es de la poca moral de los que gobiernan nuestra isla.*

Abuelo: *Oye, Rey, te las regalo, yo estoy muy viejo para subir esas montañas y ocuparme de esas tierras. Se las ofrecí a tu padre, y me fue claro, me dijo que él lo que es ir allá, ni a contar billetes.*

Reynaldo: *No, abuelo, dime el monto real del valor que tienen esas tierras. Yo tengo unos ahorros y creo que puedo pagarlas, siempre que sea a un precio razonable.*

Abuelo: *Rey, yo tengo lo suficiente para lo que me queda de vida. Tengo esta casa paga, no tengo deuda, o quizás sí... Me sacudiste la mata... como tú lo pintas, ayudé a subir a ese patán de Gobe con mi voto, pero ni uno más mientras viva.*

Reynaldo: *¿Cómo, abuelo?*

Abuelo: *Sí, a veces uno debe nadar como el salmón, contra la corriente y morir con la conciencia limpia y tener dignidad. Limpia como la tienes tú. Gracias por despertarme de este letargo partidista. La tierra cayó en buenas manos, en las tuyas. Cuidarlas y que sean para tus hijos cuando te cases. Déjame buscar las escrituras para entregártelas.*

Un testigo creíble

Rey recordaba dicha conversación como si hubiese sido el día anterior, comprobó como si su abuelo se había quitado una venda que no lo dejaba ver y un yugo que lo obligaba a arrastrar una tradición partidista. Ahora él se deleitaba observando la vasta arboleda, a cada planta emerger de aquella tierra fértil. Y sentía un apego a ella que crecía cada día más. Era como si hubiese llegado a un mundo aparte, como si hubiese descubierto una parte del paraíso. Su vecino más cercano, un anciano de incalculable edad, estaba asombrado. Sentado en un banco de madera rústica, le contaba la historia prehispánica de dicho cráter en la montaña.

Don Carmelo: *Esto es una leyenda, o fue una realidad. Los nativos habitantes de los bateyes vecinos tenían temor de lo que ocurría aquí. Eso empezó a ocurrir durante la conquista. Según contaban ellos, empezaron a oír ruidos ensordecedores y veían lenguas de fuego subir del volcán, que luego se perdían en las nubes. Otras veces era que ese mismo destello de fuego, a veces rugiente, bajaba hasta donde estamos ahora tú y yo.*

Reynaldo: *¿Qué ocasionaba los ruidos y las lenguas de fuego?*

Don Carmelo: *Nadie nunca supo. Luego cesaron por décadas. Siete personas se aventuraron y subieron hasta aquí. Ellos esperaban ver lava ardiendo cerca de la boca del volcán. Entre ellos, los abuelos de nuestros antepasados. Los cuales quedaron sorprendidos, el volcán se había quedado sin ruidos y no hallaron ninguna área con lava. Era como si nunca hubiese existido volcán alguno.*

Reynaldo: *¿Los que subieron se quedaron aquí?*

Don Carmelo: *Por cinco décadas solamente. Luego, empezaron las discordias entre vecinos por necedades. Luego de dichas disputas, empezaron a sentir que la tierra nuevamente temblaba y las enormes rocas se movían, alejándose de ellos. Entraron a culparse los unos a los otros por dichos fenómenos.*

Reynaldo: *¿Y por qué eran las disputas entre ellos?*

Don Carmelo: *Querían crear un gobierno que rigiera los destinos de los demás. Desde luego, empezaron formando bandos y cada bando se creía superior al otro. Los más aguzaos querían quedarse con todo. Cada vez que algún grupo de vecinos convocaba una reunión cerca de una de las piedras o montículos, estas vibraban y se movían alejándose de dicho grupo.*

Reynaldo: *¿O sea que los dos bandos eran iguales?*

Don Carmelo: *Exacto, eran mezquinos y se organizaban para tomar el control de todo. Me contó mi padre, quien no se unió a ninguno de ellos.*

Reynaldo: *¿Usted vio alguna moverse?*

Don Carmelo: *Yo era muy niño cuando ocurrió eso.*

Reynaldo: *¿Alguien más sintió o vio moverse las piedras o montículos?*

Don Carmelo: *La gente se llenó de miedo y poco a poco bajó la montaña, hacia la ciudad.*

Reynaldo: *¿Miedo a qué?*

Don Carmelo: *A su maldad personal. Solo cuatro personas se podían acercar a las piedras y hablar cerca de ellas y se quedaban quietas. Entre ellos, mi padre y yo. Los demás empacaron y se fueron. Por cierto, solo quedamos tres personas que somos cerca de la misma edad y somos muy ancianos. ¿Y a dónde rayos vamos a ir? ¿Has sentido la tierra moverse desde que llegaste?*

Reynaldo: *No, no lo he sentido. Aunque uso una para tomar café y meditar cada mañana. Pero vine aquí para quedarme, aunque las piedras tiemblen o se muevan.*

Don Carmelo: *Así se habla, muchacho, tienes buen temple. Yo me quedaré, aunque las piedras tiemblen o salgan volando.*

Reynaldo: *¿Salgan volando?*

Don Carmelo: *"Eso me dijo mi padre antes de morir, cuando fui de visita a la ciudad. Solo fui dos veces y regresé inmediatamente después de sepultarlos a ambos. Que él vio una de ellas volando y perderse en las nubes."*

Reynaldo: *¿Seguro, señor?*

Reynaldo: *¡Segurísimo! ¿Y por qué usted regresó de la ciudad? ¿Puedo llamarlo abuelo?*

Don Carmelo: *¡Claro! ¿Sabes por qué regresé? Por los patirrajaos que salieron de aquí. En la ciudad se volvieron peor de lo que eran aquí. Y las piedras parecían leer sus conciencias.*

Reynaldo: *¿Qué sucede con ellos, Don Carmelo?*

Don Carmelo: *Abochornaos del volcán. No querían que yo dijera de dónde yo llegaba, y menos que hablara cómo ellos habían bajado a la ciudad. Temerosos, todos con el rabo entre las patas. Avergonzados de sus malas conciencias. ¿Vendrás a visitarme más a menudo? ¿Y nos tomamos un coladito? Veo que tienes buena conciencia y valores.*

Reynaldo: *¿Cómo sabe eso, Don Carmelo?*

Don Carmelo: *Porque las piedras no se alejan de ti. Me dijiste que tomaste una para tomar café y meditación. Si tuvieras una conciencia deshonesta, se alejaría de ti. Observa ahora detrás de ti y mira esa roca. ¿A qué distancia estaba la enorme roca cuando llegaste?*

Reynaldo: *¡Rayos, es increíble! La veo más cerca de nosotros. Ahora que veo ese milagro. ¡Claro! Que vendré y conversaremos. Lo entiendo, yo estoy abochornado de lo que sucede allá en la ciudad, y por eso estoy aquí, y más en su capital.*

La tortuga y la piedra voladora

Habiendo concretado el negocio con su abuelo, Reynaldo partió hacia el sur de la isla. Allí, en la inmensa boca del extinto volcán que se había extinguido hace mil años, según la leyenda, se ubicó en la propiedad que había abandonado el bisabuelo de su padre. Todos en la familia conocían esta finca, que tenía aproximadamente 60 cuerdas de terreno virgen, salpicado de pequeños promontorios de rocas y dos hermosas lagunas.

Rey había construido una pequeña cabaña de troncos en su propiedad, bastante cerca de uno de los montículos. Todos los materiales los había obtenido sin necesidad de bajar a la ciudad para construirla. Quería que su cabaña estuviera íntegramente hecha con recursos encontrados en el volcán, aunque en realidad no era un volcán, pero conservó ese nombre para los pueblos circundantes. Estaba cubierto por un pequeño manto de grama, como todos los demás.

Todas las mañanas, después de colar café, subía a ella con su tazón de humeante y aromático café. Se sentaba y tomaba su café mientras contemplaba la naturaleza aledaña. Se había vuelto una rutina matutina, un momento para dejar que su mente evaluara los acontecimientos pasados. El aroma del café recién colado invadía todo el contorno de la hermosa cabaña, embriagante, por cierto. Había encontrado pequeños árboles de café que daban una abundante cosecha.

Mientras los contemplaba, dejaba que su mente divagara hacia los acontecimientos en la ciudad capital, como su visita encubierta a una de las muchas oficinas gubernamentales, la Oficina de Patentes Municipales, haciéndose pasar por un ciudadano que necesitaba una licencia para operar una pequeña tienda de barrio.

Reynaldo: *Buenos días, señorita, vengo a sacar las patentes o licencia para un pequeño colmado.*

Calmita Paz: *Joven, puede pedir un número en aquella ventanilla y esperar su turno.*

Diez minutos después, volvió a la ventanilla donde le habían enviado a tomar el número de turno.

Reynaldo: *Joven, no hay nadie en dicha ventanilla entregando los números.*

Calmita Paz: *Bueno, si no tiene número no lo puedo atender. Siéntese que la muchacha de ahí no tardará en llegar. ¿Viviana, has visto a Esperanza llegar?*

Calmita Paz: *Joven, le dije que se sentara hasta que Esperanza llegue y le entregue su número. Número veinticinco del día de ayer, favor de venir a la ventanilla uno. Por favor joven, deje pasar al número veinticinco de ayer. Fue un día muy atareado. Joven, muévase, no bloquee la ventanilla, que me atrasa el trabajo y ahora es la hora de mi desayuno y cerraré la ventanilla. Mire, Esperanza salió del baño y ahora usted tiene como siete personas agarrando números antes que usted, por estar ahí parado.*

Reynaldo: *Jovencita, ¿cuál es su nombre? Si me hace el favor.*

Calmita Paz: *Joven, mi nombre es Calmita Paz.*

Reynaldo: *Su nombre es muy apropiado... Calmita, gracias.*

Era intolerable. Pero este ciclo se repetía cuatrienio tras cuatrienio del cinismo en las oficinas gubernamentales, sin que se dieran cuenta del daño que hacían al pueblo. Esto estaba ocasionando un éxodo de sus habitantes, los cuales se veían obligados a cruzar el charco, como se vio obligado a hacerlo su amigo Antonio.

Cuando de pronto sintió el ruido de un pequeño golpe contra la roca. Pensó que era producto de la conversación que había tenido días antes con el anciano. Pero luego volvió a repetirse el mismo golpeteo dos veces más. Se estiró y miró hacia la base de la roca. Era una enorme tortuga que golpeaba un costado de la roca. Pensó que quizás este fenómeno era a lo que se referían los antiguos habitantes cuando decían que las rocas vibraban o hacían ruido. Observó al enorme quelonio terrestre, podía ver sus poderosas patas y unas bastante gastadas, que seguían dando topes contra la roca.

De pronto, Reynaldo sintió que la enorme roca en la que estaba acostado vibraba. Quedó atónito, sin moverse. Pudo percibir un diálogo entre la enorme tortuga y la roca, o lo que había dentro de dicha roca.

Tortuga: *Si logro tener un romance con esta enorme tortuga, tendré los hijos más hermosos y grandes de esta montaña.*

Roca: *Esto no es una tortuga gigante, ¿por qué sigue insistiendo, señor tortuga?*

Tortuga: *Sé que es una tortuga voladora y quiero que mis hijos puedan volar también, como ustedes lo hacían ochenta años atrás.*

Roca: *No, volvemos a decirle, señor, que el promontorio no es una tortuga como usted piensa.*

Reynaldo observó su tazón de café, olió este, y no encontró nada extraño que le hiciera alucinar. Pero por precaución, dejó de tomar el resto que quedaba en el tazón. Observó nuevamente hacia la base de la roca y vio al enorme quelonio perderse entre la vegetación.

Probablemente la conversación con el anciano y un descuido en la cantidad agregada de harina de café habían hecho que percibiera una supuesta comunicación entre una tortuga y una enorme roca. Era algo absurdo, aunque fuera telepáticamente.Tendría más cuidado la mañana siguiente. Sabía que la cafeína en exceso afectaba sus neuronas. Así que desde ese día tomó la determinación de agregar más agua y menos harina de café en su desayuno mañanero. En la universidad había visto cómo algunos ex compañeros de estudios divagaban al expresar sus ideas y alteraban su lenguaje por la ingesta de cafeína.

La mañana siguiente coló su aromático café, teniendo sumo cuidado con la cantidad de ingredientes al hervirlo. Caminó hasta su rocosa atalaya matutina, subió con sumo cuidado, se sentó en el promontorio y se puso a pensar, a evaluar por qué no aceptó la propuesta gubernamental que se le ofrecía. Pero algo dentro de su mente estalló, como si un rayo de luz invadiera todo su cuerpo. Oh, algo sucedía con su sistema auditivo. Escuchó el inconfundible choque del caparazón de la tortuga contra la enorme piedra. Pero era diferente, el eco de dicho golpe invadía todo y sonaba como un enorme sonido de un gong al ser impactado por una enorme masa. Algo sucedía y no tenía relación alguna con su aromático líquido matutino. No había comenzado su ritual habitual, que consistía en aspirar su aroma en primer lugar, luego degustarlo lentamente y sentir su sabor en sus glándulas salivales al saturarse de su contenido.

Roca: *Señor tortuga, su persistencia nos abruma, golpeando nuestra cubierta exterior año tras año durante los últimos noventa años. Y conste, no sabemos cómo explicarle con sencillez y comprensibilidad que no somos unas tortugas voladoras. Deje de regar entre sus congéneres esa pamplina. Hasta niños de veinticinco y cincuenta años vienen a importunarnos.*

Reynaldo desistió de tomar o probar el café esa mañana y se prestó a inspeccionar el contorno de la roca, buscando con su mirada algún cable, bocina o generador de impulsos electrónicos que estuviera jugando con su presencia allí. Contemplaba al enorme quelonio, pues hasta aquel momento no sabía su género. Si dicho mini tanque en cuatro patas contestaba a lo que él percibía telepáticamente, estaba frito. Pues sería un indicio de que la altura en la montaña le había dañado su cerebro y sufría de un cuadro de esquizofrenia auditiva. Pero la cosa era que oía un diálogo coherente entre dos entes.

Tortuga: *Tortuga voladora, no se haga de rogar, pues lo que a mí respecta, seguiré viniendo otros noventa años más. Hasta convencerla, quiero tener hijos voladores como usted.*

Roca: *Señor, busque una de su especie y siga cumpliendo el ciclo de vida como le fue asignado entre las tortugas. Aquí en la montaña abundan de su especie.*

Tortuga: *Usted lo ha dicho, abundan, pero no vuelan... seguiré viniendo hasta que caiga rendida a mi caparazón.*

Roca: *Muy romántico y persistente, señor. Siga entonces otros noventa años. Y si viene durante los próximos noventa años, deje de golpear nuestra cubierta exterior. Puede dañar el sistema de desplazamiento orbital de la conciencia. Hace cincuenta y cinco años, su imprudencia alteró un sensor de localización sensorial espacial. Estuvimos desorientados para localizar el túnel transportador de desplazamiento de la consciencia. Todas las cuadriculas se alteraron años luz. Orbitamos tres veces la galaxia del Triángulo... 30,000 años luz, innecesariamente.*

Tortuga: *Excusas, y más excusas. Simplemente se me enredó una pata en una de las plantas adheridas a su caparazón. Fíjese cómo mi caparazón está libre de plantas parasitarias. Total, fue una simple trillita, pero créame, sueño con volar con usted toda la vida.*

Era inaudito, Reynaldo percibía ese diálogo metálico entre un reptil y una piedra, y no daba crédito. Pensó que, por un momento, tal irrealidad era por el efecto o mal de altura que afecta a algunas personas. Tenía un amigo psicólogo en la ciudad, pero desechó la idea. Lo que necesitaba era ver a un psiquiatra... y de urgencia.

Roca: *No, joven, usted no necesita ver a un psiquiatra, usted está bien neuronal y mentalmente. Usted lo que* *percibe son nuestras ondas de comunicación mental perfectamente. Pero su condición humana es lo que le ha permitido interactuar inconscientemente con lo acontecido. Es por eso que le hemos permitido subir a nuestro domo y quedarnos inmóviles. Nuestros sensores de evaluación de la conciencia cósmica universal han evaluado las pulsaciones de sus meditaciones diarias y catalogado la sinceridad de estas. Sentimos lo entristecido que está con los acontecimientos de sus políticos corruptos que dañan a su pueblo. Hemos evaluado su conciencia durante todos estos meses y no hemos alterado la frecuencia de emisor y receptor intergaláctico.*

Reynaldo: *¡Rayos, ahora sí que estoy en una camisa de fuerza... el primer loco de la familia! Que oye el diálogo de una piedra aeroespacial. Abuelo tenía razón cuando fui a visitarlo y me dijo que estaba loco...*

Roca: *Créame, joven, usted no está loco como piensa. Nosotros percibimos sus ondas cerebrales o impulsos mentales de pensamiento, así como usted percibe los nuestros. Esto es posible gracias a la limpieza y honestidad de la visualización personal. Usted representa la honestidad, la cual es el centro o pilar del movimiento universal, pero que ha sido alterado por la mezquindad humana. Por su deshonestidad.*

Reynaldo: *¿Ondas que...?*

Roca: *Ondas de pensamientos íntegros. En simples humanos, hace siglos inquietamos al filósofo Diógenes para que buscara un hombre honesto en Grecia. Pero, aunque lo buscó afanosamente en pleno día con una lámpara, murió sin encontrarlo. Créanos, lo intentó por años y no encontró a ninguno. Curiosamente, tú llegaste y queremos que veas que existen otras galaxias con habitantes honestos que han alcanzado las estrellas. Quizás no con tu apariencia, pero sí con tu conciencia. No te asustes si entras a la nave, y menos si parecemos distintos, pues somos el reflejo de lo verdadero que está a miles de años luz, somos lo inmaterial. Ustedes son lo material.*

Reynaldo: *¿Cómo entraré a su nave?*

Roca: *No como estás acostumbrado. Relájate, respira pausadamente y mira el firmamento mientras meditas. Cuando menos lo esperes, serás uno con el firmamento. Estamos aquí, proyectados desde tres galaxias diferentes, a través de años luz. Algunos de diez mil años luz, los más jóvenes, y otros como yo, sesenta mil años luz, como voceros. Luego, ellos serán los voceros. Pero no te desilusiones cuando estés en la nave. Estamos a nivel de proyección intelectual galáctica y proyección de pensamientos. Cuando eso ocurra, podrás entrar a un plano para interactuar con toda la naturaleza preconcebida por ustedes los humanos, aunque para nosotros, hay mucho más.*

Reynaldo: *¿Entonces el filósofo Platón tenía razón al explicar qué la tierra es un reflejo de lo verdadero?*

Roca: *No solamente Platón. Aristóteles, Sócrates, cada uno habló según su percepción de una realidad universal, limitada a su concepto. La verdadera realidad es la aceptación y la diversidad universal. El humano está más centrado en la dimensión estructural preconcebida humana y en sus rasgos genéticos, aparte de sus prejuicios y egoísmo. En el universo, se acepta todo por igual en un mismo plano, pues todo tiene un único propósito: ser parte de un todo.*

Reynaldo: *¿O sea que todos somos iguales?*

Roca: *¡Sí! Eso depende de lo que tú interpretes por "iguales". Los humanos en este planeta Tierra, que se encuentra en la Vía Láctea, estaban destinados a estar viajando, por lo menos dentro de su patio interno entre las 40 galaxias que componen la Vía Láctea.*

Reynaldo: *¿Y por qué no lo hemos podido hacer? Solo hemos llegado a la luna.*

Roca: *Tristemente, y si te das cuenta, solo han visitado su satélite para dejar basura y llenar el firmamento de chatarra. Cuando germinó la vida en el planeta Tierra, germinó vida en armonía con otros planetas. No conforme con su imagen, pero vida al fin, orgánica, animal, vegetal. Por su avaricia y afán depredador, mira sus intentos de verificar qué minerales valiosos hay en dicho satélite y lo* que desean obtener de sus exploraciones en el planeta Marte. ¿Crees que es por ayudar a sus congéneres? Por favor, no te afanes en pensar en qué idioma nos comunicamos. Lo importante es que nos comunicamos simplemente en un plano de pulsaciones de ondas neuronales usadas por muy pocos humanos a lo largo de su tiempo terrícola, quizás milenios.

Reynaldo: *No sabía que yo tenía esa frecuencia neuronal. Pensaba que era una trastada de mi mente causada por la cafeína ingerida.*

Roca: *¿Has pensado cómo se comunican las hormigas y viven miles en un simple agujero? Existe un factor clave para su convivencia: se ayudan unas a otras, carecen de egoísmo y comparten todo entre su compleja sociedad. Sus especies se comunican a través de estridulación, frotando sus pequeñas antenas y marcando sus caminos con feromonas. Su meta es la convivencia y existencia. En los humanos, las emociones son las que los dominan, al querer controlar a sus semejantes sin importarles cómo. Nosotros estamos comunicándonos todo el tiempo desde que la Tierra germinó como planeta habitable, pero son sordos, ciegos y prepotentes, ellos y solamente ellos.*

Reynaldo: *¡Oh, lo lamento! Me da vergüenza lo que ustedes exponen, pero tienen razón.*

Roca: *El hombre no tiene poder de crear, solo descubre lo que ha sido creado. Por ejemplo, los avances* medicinales para ayudar a sus semejantes. Tan pronto ven que funcionan, ¿qué hacen? Comercializarlos, sin importarles cuál fue el propósito de dicha investigación o el sufrimiento de una parte de sus congéneres. ¿De dónde sacó el fármaco? De la misma naturaleza: plantas, minerales y hasta de animales existentes. No creó ni inventó, los elementos ya existían, simplemente los combinó.

Reynaldo: ¡Sí! Me imagino que ustedes estarán hastiados de nosotros. Pero créanme que yo ignoraba que ustedes existían, y mucho menos cuál era su propósito.

Roca: Los gobiernos que rigen el planeta tienen temor de que actuemos a semejanza de ellos, que los despojemos de lo que ellos han despojado a sus pueblos vecinos. Observa a través de la historia terrestre: emergen imperios, perecen imperios, siempre con la misma mentalidad de despojar a los más débiles.

Reynaldo: ¿Cómo puedo ayudar...? Me siento culpable de no haberme despertado de mi ignorancia con antelación.

Roca: Hemos dejado mensajes verbales y escritos a través de lo que ustedes llaman profetas por milenios. ¿Has leído la Biblia alguna vez?

Reynaldo: A decir verdad, no creo mucho en las religiones...

Roca: *Tampoco nosotros. Ezequiel 1:15-21 pudo ver la nave, nuestras vestimentas y las criaturas que nos acompañaban, las mismas que milenios después le mostramos a Juan en la isla de Patmos en Apocalipsis 4:8. Por último, Jesús habló muy claro a todo el que lee la escritura en Juan 14:2: "En la casa de mi Padre existen muchas moradas (casas, mundos)" y aun así, no creen.*

Reynaldo: *Perdonen, pero incluso las religiones se han vuelto un negocio y manipulaciones de pueblos, las cuales son usadas por gobiernos inescrupulosos.*

Roca: *Tristemente, si no piensas como yo y actúas como yo, eres mi enemigo. ¿Cómo llamarías a tal pensamiento?*

Reynaldo: *No es otra cosa que mezquindad humana...*

Roca: *¿Crees acaso que, si nosotros tuviéramos malas intenciones, no hubiéramos acabado con la humanidad? Existen diferentes civilizaciones intergalácticas con naves que poseen desplazamientos antigravitatorios, viajando a años luz y desdoblándose en el espacio en fracciones de milésimas de nanosegundo, con solo desearlo. Mientras las naciones más poderosas de la Tierra solo rompen la velocidad del sonido y carecen de desplazamientos de años luz.*

Reynaldo: *Sí, la verdad es que ese temor de invasión inexistente ha perdurado siempre.*

Roca: *Lo paradójico del ser humano es que se ha torturado a sí mismo por los siglos con sus mismos retorcidos pensamientos. Carecen de pensamientos de paz interno al no ejercitarlo para su descanso. Fíjate en el señor tortuga y su idea enfermiza de tener hijos voladores. Le hemos explicado, por décadas, que no somos unas tortugas, pero no nos cree. Podemos poner ciertas limitaciones exteriores a la nave, pero entonces, cuando él se dé cuenta, se sentirá excluido como especie.*

Reynaldo: *Bueno, al menos siento que ustedes son condescendientes con nosotros. ¿Son los habitantes de los exoplanetas de otras galaxias como ustedes? Pues sería maravilloso cohabitar en un universo pacifista.*

Roca: *La Tierra, en extremo, es combativa consigo misma al alterar su naturaleza. Observa a un niño recién nacido: su cerebro viene puro, limpio, inmaculado. Sin discriminación de ninguna índole, como religión, raza, social o avaricia. Juega en su temprana niñez, se empujan, lloran y minutos después vuelven a estar jugando nuevamente. Hasta que aparece un adulto y le dice a uno de los dos niños: "No juegues con ese niño, es malo". El planeta no odia, sus habitantes sí. No todos, pero la mayoría sí. La avaricia los carcome hasta los huesos. Si pudieran ser como niños, sería un planeta feliz.*

Reynaldo: *¡Vaya, en qué lugar me tocó nacer!*

Roca: No, fíjate que te explicamos que no todos. Tú eres una excepción, al igual que otros que pueblan el planeta. Por ustedes es que tratamos de evitar que desaparezcan como raza humana. Si tú transmites esos valores a tus hijos, con ejemplos tangibles, si tú, amigo Antonio, y tus excompañeros universitarios, aquellos que se prepararon ilusionados para dar lo mejor de sí mismos para el progreso de sus congéneres, se revertirá su intolerancia al progreso humano.

Reynaldo: *¿Creen que si vuelvo a mi puesto administrativo podré ayudar a mi pueblo?*

Roca: *No, tú lo intentaste y te hartaste de su podredumbre. Te diremos que vendrán cada cuatro o cinco años gobiernos más nefastos para tu isla. Lo triste es que tu propio pueblo los elegirá una y otra vez, pues genéticamente sigue transmitiéndose el virus político partidista. Si vuelves allí, con el tiempo estarás actuando igual que ellos o peor. Te haremos dos preguntas y contestarás lo primero que llegue a tu mente después de oírlas. ¿Preparado?*

Reynaldo: *¡Sí!*

Roca: *¿La salud se pega?*

Reynaldo: *¡No!*

Roca: *¿Los virus se pegan?*

Reynaldo: *¡Sí!*

Roca: *Bien has contestado. La corrupción es el virus más contagioso en las esferas del gobierno humano y está disperso globalmente, sin excepción. La corrupción existe en todo ámbito. Es raro el ser humano que esté contento consigo mismo y empieza por corromper su imagen. Por eso ustedes los humanos proclaman: "Cada persona es un mundo".*

Reynaldo: *Sí, ¿Qué ven ustedes en mí para permitirme dialogar con ustedes? Digo si lo que estamos haciendo es dialogar...*

Roca: *¿Qué piensas tú en este momento? ¿Se necesita verbalizar palabras obligatoriamente para entendernos? ¿O existen más medios de comunicación entre ustedes? Piensa en esto: mensajes de señas con los mudos, lenguaje corporal ante el Psiquiatra o el Psicólogo, mensaje de amor con la mirada, o con la música. Entre su misma especie en zoología, el lenguaje de la naturaleza o el medio ambiente el sonido de la lluvia, el olor de la tierra húmeda. Vemos en ti que eres íntegro, contigo mismo y con los demás. Quien se preocupa por sus semejantes, se ama a sí mismo.*

Reynaldo: *¡Gracias! ¿Cuál es su propósito con mi persona? Pues sigo pensando si esto es una mala jugada de mi imaginación, afectada por la ruina de mi pueblo.*

Roca: *Lo que afecta a un pueblo, afecta a su gente íntegra, aunque son los menos dentro de una comunidad. Y así ha sido a través de su historia. En tu pueblo, como en la mayoría, le afecta el latrocinio, su burocracia amañada, sujeta a la politiquería partidista. La cual se ha enraizado en sus subconscientes, por generaciones. Viven para el partido, respiran por él y actúan y caminan como robotizados, como si fueran programados de antemano. Sabemos por qué dejaste tu trabajo gubernamental. Pero queremos oírlo, por ti mismo.*

Reynaldo: *Durante el tiempo que estuve en dicha oficina solo percibí de primera mano la lasitud gubernamental, oficina por oficina, que afecta al pueblo necesitado.*

Roca: *¿A qué te refieres con el pueblo necesitado?*

Reynaldo: *A aquellos que no tienen recursos están a expensas de la maquinaria burocrática, al estar amañada por el gobierno de turno.*

Roca: *¿Es que existe un grupo fuera del necesitado, según tú, que no pasa por esa burocracia?*

Reynaldo: *Claro, la élite encumbrada, los apellidos caudillistas, los atornillados gubernamentales y el compadrazgo político.*

Roca: *¿Pudiste cambiar algo mientras estabas allí?*

Reynaldo: *Nada, todo lo contrario. Creo que me usaron en ciertas ocasiones y me dio asco cuando me di cuenta, por eso estoy aquí.*

Roca: *¿Sabes lo que es integración personal?*

Reynaldo: *¡No! Es la primera vez que oigo dicho concepto.*

Roca: *Te vamos a dejar por un tiempo sin que estemos integrados intergalácticamente. Tú no podrás tener contacto con nosotros, aunque lo intentes racionalmente, y nosotros contigo.*

Reynaldo: *¿Por qué siempre se mencionan en terminología plural y no singular?*

Roca: *Somos una entidad galáctica, compuesta por diferentes planetas habitados con diferentes conceptos de existencia. No estamos en la Vía Láctea donde ustedes habitan. Y no soportarían que haya seres diferentes a su apariencia humanoide en su galaxia. Los exterminarían como ha sucedido con otras razas en su propio planeta, es solo cuestión de tiempo.*

Roca: *Cuando logres tu plena integración personal y tengas un balance holístico, formarás parte sin proponértelo del inmenso universo intergaláctico. Ahí es donde todo es revelado, el espacio tiempo no existe y verás el pasado, presente y futuro en un solo plano. No hay barreras idiomáticas y serás parte de todo lo que te rodea,* *sin prejuicios. No necesitarás los ojos para ver, oídos para escuchar y boca para hablar. Podrás dominar la traslación interplanetaria y la materia y gravedad no serán barrera como lo es ahora. ¡Nos despedimos!*

Para Rey, fue como si una descarga de energía eléctrica hubiera recorrido todo su cuerpo. Observó su reloj; apenas unos minutos habían pasado desde que se había sentado sobre la roca con su tazón de café, el cual estaba caliente. Pero percibía en su fuero interno que había tenido una conversación con alguien durante largas horas. Donde fue examinado y aleccionado sobre el comportamiento gubernamental que existía en su isla. Tomó un sorbo y se relajó, palpó la enorme roca, y no sintió ni percibió nada extraño. Trató de escuchar algún ruido interno pegando su oreja a esta, pero nada dentro de la enorme mole se escuchaba. Ahora se daba cuenta de que quizás el aislamiento personal le estaba jugando una mala pasada.

Se preguntaba cómo la ciencia médica podía definir lo que él percibía como una realidad. Será que el refrán de que para cada loco existe un vestigio de realidad en su locura. Bajó de la mole y se aventuró en la búsqueda de la tortuga, no tardó mucho en dar con ella, con su lento caminar no estaba muy lejos de la roca.

Reynaldo: *Oye, tanque con patas, te oí hablando con la roca.*

El reptil siguió comiendo tranquilamente como si su presencia no alterara su rutina.

Reynaldo: *Te dije que te oí hablando con la roca, ¿eres sorda tanque sin orugas?*

La tortuga cambió de rumbo y se alejó de Rey, como si este no existiera, dejándolo pasmado. Que Rey le hablara a la tortuga no era algo inverosímil; lo contrario a lo natural y lógico era que esta le contestara a sus epítetos morfológicos. ¿Deseaba el joven motivar una reacción en el animal que él pudiera definir como comunicación? ¡No! Se dio vuelta hacia su cabaña y se percató de que su vecino había presenciado y escuchado su intento de comunicación con la tortuga.

Don Carmelo: *Buenos días, Rey, buen intento. Siga que lo que es hoy, Matusalén, no quiere hablar con nadie. Siempre que tiene un rechazo de lo que él considera una tortuga voladora, se niega a aceptar dicho rechazo.*

Reynaldo: *Buenos días, abuelo, perdón, no lo había visto llegar. ¿Qué le trae por aquí?*

Don Carmelo: *Rey, te traigo café cosechado, tostado y molido en el pilón de madera tan viejo como Matusalén.*

Reynaldo: *Oh, gracias, no había pasado a saludarle y recoger el café. He estado un poco distraído últimamente. Oiga, usted dice: ¿que la tortuga se llama Matusalén?*

Don Carmelo: Sí, él o ella está empeñada en tener hijos voladores, por décadas. Y siempre recibe la misma respuesta de la roca.

Reynaldo: Espérese, espérese un momento, ¿cómo sabe usted eso? ¿Acaso la última vez que pasé por su propiedad le comenté algo de eso, sin darme cuenta?

Don Carmelo: ¡Lugar chico, infierno grande! Como nuestra isla. Joven, Rey, usted no me comentó nada, mire a su alrededor y dígame qué ve.

Reynaldo: Paredes como si estuviéramos en la boca de un volcán.

Don Carmelo: Exactamente. ¿Qué sucedería si yo gritara aquí?

Reynaldo: ¿Se oiría dentro de este como si fuera un eco?

Don Carmelo: Exacto, su diálogo, comunicación o conexión mental, yo lo percibí mientras molía los granos del café.

Reynaldo: ¿Cómo?

Don Carmelo: Mientras molía los granos del café, mi mente no estaba enfocada en nada. Yo no molía mi mente por saber si estoy loco o por entender el conflicto de Matusalén con la roca. Voy al sembrado en la época de siembra, vuelvo en el tiempo de cosecha. ¿Por qué iría fuera de época a buscar algo que no está de cosechar?

Reynaldo: ¡Claro! Abuelo, usted conoce cada ciclo de cada planta en este valle y respeta los tiempos de siembra y cosecha.

Don Carmelo: No, joven, el secreto es aceptar la naturaleza tal cual es. Puedo alterar su ciclo injertando plantas, pero estaría alterando su naturaleza. Eso es lo que usted está haciendo con su persona al querer comunicarse con Matusalén. Por eso no evolucionamos, porque somos egocéntricos y queremos imponer nuestro comportamiento racional a los demás. Así sucedería con las plantas de café; si las injertara, alteraría su ciclo de producción. No estás loco, pero como el grano del café tiene que madurar en la planta para luego ser cosechado y secado, para ser tostado, molido y luego hervido para disfrutar de su aroma y sabor, así tienes que procesarte por ti mismo, y no por ellos. De lo contrario, sería una manipulación o programación, como es la política aquí. Todo en nuestra isla es politizado: salud, educación, creencias religiosas, regionalismo, raza o cultura. ¿Te has preguntado por qué?

Reynaldo: ¡Sí! Abuelo, muchas veces lo he hecho.

Don Carmelo: Si Matusalén te hubiese contestado, ibas a creer que eso era imposible, y en vez de aceptarlo como algo natural, lo rechazarías, pues lo crees una subespecie inferior. Se llaman prejuicios naturales, innatos transmitidos generacionalmente. En el universo, cuando miras hacia los cielos, no todos los planetas, satélites *lunares y estrellas de la Vía Láctea son iguales. Eso sin nombrar otras galaxias de ese inmenso firmamento. Todo allí forma un todo, sin prejuicio, y se necesitan unos a otros para su subsistencia universal.*

Reynaldo: *Pero eso no sucede en nuestra pequeña isla, por desgracia.*

Don Carmelo: *Eso es lo que han tratado de explicarte. La isla será un caos, suba políticamente quien suba. Los que se han levantado como paladines de progreso y cambios novedosos, tan pronto tomen el control. Serán peores que los derrotados en las urnas partidistas. Y los que salgan, no perderán nada, pues siguen legislando antes de salir los amapucheos/tras bambalinas a sus latrocinios. El auto-proteccionismo.Buen retiro, plan médico, guardaespaldas, transporte, que a los emergentes les beneficiará al fin y al cabo. Porque se escudarán en las leyes proteccionistas decretadas.*

Reynaldo: *¿Qué se puede hacer para evitarlo? ¿Qué ganan con decírmelo a mí? ¿Yo no puedo cambiar su mentalidad politizada?*

Don Carmelo: *Sí, ellos no tratan con alguien, pueblo por pueblo, nación por nación, sería una infamia de su parte. Quedas tú como testigo de que ellos han tratado, pero la gran mayoría de los pueblos les gusta seguir a sus caudillos. Sus políticos aberrantes y se niegan a ver su realidad. Al contrario, los alientan a seguir adelante.*

"Hagamos patria", antes de coger el poder, líderes libertarios, que luego se entronizan y sus compueblanos tienen que abandonar su tierra o perecer si se oponen a sus caprichos. Te pregunto, Rey: ¿Qué es hacer patria según tu punto de vista?

Reynaldo: Pienso que es hacer algo a favor de nuestros compueblanos, en el país que uno habita... pero lo que es aquí, esa expresión se ha prostituido. Cuando la oigo, me da asco.

Don Carmelo: Bien has dicho. Pero hacer patria para estos que están surgiendo ahora es tomar el control gubernamental, la batuta, la silla y entronarse y vivir a costa del pueblo que quieren gobernar. Fíjate en el caos y destrucción que pasó en tu isla y en las Bahamas. ¿Qué sucedió con los millones que recibió nuestro país?

Reynaldo: Lo disiparon, y nos hipotecaron aún más de lo que estábamos.

Don Carmelo: Exacto, Bahamas, que es un archipiélago de minúsculas islitas a ras del mar, no recibió ni una quinta parte de lo que obtuvo nuestro país, y salió a flote. Ellos pidieron levantarse y reconstruir lo devastado por el huracán por sí mismos. Eso se llama valor, integridad y hacer patria. Un día tú, al igual que Antonio, escribirás un libro que despertará la conciencia de un pueblo de su letargo político. Un país que perdió su rumbo, legado histórico y politizó su conciencia. Un país que pudo tener *el mejor sistema de vida en educación, salud, infraestructura y estar en la vanguardia del primer mundo, sin necesidad de tener una diáspora huyendo de él. Porque, tal como sigue la situación política, corromperán incluso la religión, politizándola y dañando las almas y las conciencias. ¿Entendiste lo que quiere la tortuga? Ella solo busca la superación de su especie y que sus hijos dejen de arrastrarse toda una vida. Superación social entre su especie. ¿Qué futuro tendrá nuestra isla para ofrecerle a nuestra juventud?*

Reynaldo: *Solo una... la diáspora... como la que le dimos a mi amigo Antonio y a muchos otros. Nuestra democracia está manipulada en las urnas por dos partidos políticos, respaldados por nuestro propio pueblo, y los pueblos se merecen los gobiernos que eligen. "Mi pueblo perece por falta de conocimiento..." Oseas 4:6. Es triste esta realidad antillana, aunque las Bahamas no pertenecen al grupo de islas del Caribe antillano. Las usó como referencia de lo que es una buena administración y un pueblo consciente, el cual le exige a sus gobernantes transparencia en sus funciones. Su lema de supervivencia "hacia adelante, avancemos juntos" los hace grandes entre los que los conocen.*

Bibliografía

Keegan, William. F. 1992. "Destruction of the Taino" 1442 to 1514. In Archaeology.

Ruiz Cárdenas Manuel. Alegría E. Ricardo. 1981. Crónicas Francesas de los Indios Caribes.

Wilson, M. Samuel.1957. Hispaniola Caribbean Chiefdoms in the Age of Columbus.

Creado por: Baute Production Publisher
https://baute-production-publisher.tiiny.site
Teléfono: (813) 693-8879
Email: authors@usa.com
Tampa, Florida, USA.

INDICE